Tipos Latinos 2010
Quarta Bienal de Tipografia
Latino-americana

Tipos Latinos | Brasil
Luciano Cardinali © 2010
Editora Edgar Blücher Ltda.

Blucher

Edgar Blücher Plubisher
Eduardo Blücher Editor
Rosemeire Carlos Pinto Editora de Desenvolvimento

Comitê Tipos Latinos Brasil

Luciano Cardinali Coordenação Geral Brasil
Cecilia Consolo Coordenação Executiva Brasil
Marina Chaccur Programação Cultural Brasil
Fábio Lopez Juri - Representante Brasil
Cecilia Consolo Design gráfico e Projeto Expográfico
Luciano Cardinali Design gráfico e Projeto Expográfico
Martina Brant Design gráfico e Projeto Expográfico
Eugênia Pessotti Revisão de texto
Prol Editora Gráfica Impressão

Imagens geradas pelos type designers

Rua Pedroso Alvarenga, 1245, 4º andar
04531-012 - São Paulo - SP - Brasil
Fax 55 11 3079-2707
Tel 55 11 3078-5366
editora@blucher.com.br
www.blucher.com.br

Segundo Novo Acordo Ortográfico, conforme 5ª ed. do Vocabulário Ortográfico
da Língua Portuguesa, Academia Brasileira de Letras, março de 2009.

É proibida a reprodução total ou parcial por quaisquer
meios, sem autorização escrita da Editora.

Todos os direitos reservados pela
Editora Edgar Blücher Ltda.

Dados Internacionais de Catalogação na Publicação
(Câmara Brasileira do Livro, SP, Brasil)

Tipos Latinos 2010: Quarta Bienal de Tipografia
Latino-americana / [coordenação geral Luciano
Cardinali]. -- São Paulo: Blucher, 2010.

Vários coordenadores.
ISBN 978-85-212-0550-0

1. Bienal de Tipografia Latino-americana
(4. : 2010 : São Paulo) 2. Design gráfico 3. Tipografia
4. Tipos de impressão I. Cardinali, Luciano.

10-07142   CDD-760

Índices para catálogo sistemático:
1. Design gráfico: Artes gráficas   760

Tipos Latinos 2010
Quarta Bienal de Tipografia
Latino-americana

Na quarta edição da Bienal Tipos Latinos quase a totalidade do continente participa deste projeto, cujo embrião surgiu em 2001, em Buenos Aires, ainda sob o nome de Letras Latinas. Além de três novas sedes — Equador, Bolívia e Paraguai —, Guatemala e Cuba integram a grande rede de exposições que acontecem simultaneamente.

O propósito inicial do projeto, que era a divulgação da atividade do designer de tipos, foi completa e definitivamente obtida, e hoje a Bienal já alcança espaços na Europa e América do Norte.

Em 2010, além do crescimento de trabalhos enviados, a qualidade técnica e criativa é constante e posiciona a produção tipográfica latino-americana como um polo significativo no cenário mundial, cada vez mais atendo e ávido pelo frescor e ousadia dos designers deste hemisfério. Entretanto, esse crescimento, apesar de extremamente positivo, dificulta cada vez mais a tarefa, dos jurados, de selecionar o limite de 70 trabalhos dentre tantos com muita qualidade. O resultado é sempre uma amostra coerente e representativa do estado atual da tipografia latino-americana.

A presente amostra reflete diversos aspectos que essa atividade pode assumir. Alguns designers consolidam sua presença e estão inseridos profissionalmente no mercado mundial de fontes digitais, com uma produção intensa e altamente técnica. Outros, apaixonados e autodidatas, produzem tipos carregados de expressão autêntica e regionalismos que ampliam e enriquecem o espectro das possibilidades tipográficas. Há, ainda, espaço para os projetos mais atrevidos que exploram os limites da legibilidade, sempre instigantes, onde fontes apresentam propostas quase ou totalmente conceituais.

Todo esse esforço é complementado por palestras, encontros e workshops com profissionais internacionais e brasileiros que compartilham suas experiências e proporcionam um campo fértil para discussões e novas propostas. Mais que uma exposição, Tipos Latinos é um movimento cultural propulsor de ideias, design e comunicação.

Luciano Cardinali
Tipos Latinos Brasil

Qual é o seu tipo?

As infindáveis possibilidades de criação de novas fontes tipográficas, permitidas hoje pela tecnologia, fizeram com que a reflexão sobre essa produção se tornasse também assunto nos meios acadêmicos e nos escritórios de design gráfico.

O fator legibilidade continua sendo o ponto de maior conflito. Talvez por ser essa uma característica que figura sobre uma tênue linha: a fusão entre comunicação verbal e não verbal. Os processos de comunicação global, muitas vezes, devem transmitir uma informação complexa por meio de uma única palavra ou imagem. Esses são assuntos recorrentes nos escritórios responsáveis por comunicação, gerenciamento de marcas e campanhas de publicidade, assuntos que, além do caráter técnico e estético, assumem o seu papel econômico e social.

A comunicação está, ao mesmo tempo, personalizada e disponível para todos na rede mundial de computadores. Ou seja, a informação transita do estritamente particular para o absolutamente público. A escolha adequada de uma fonte tipográfica, que se ajuste ao assunto e ao público, ainda é um dos grandes desafios dessa área.

Por outro lado, a comunicação digital, os mecanismos de busca e o fluxo de informação, nos mais diferentes canais, tendem a massificar a escolha da tipografia em nome da praticidade. Dessa forma, a escolha mais precisa de uma fonte diferenciada ou personalizada ajuda na construção de identidade.

O Senac São Paulo entende que é importantíssimo abrir esse espaço para a participação de diferentes países e pessoas, e acredita contribuir, com esse projeto, para a definição dessa identidade local e global, aproximando culturas e povos.

Alécio Rossi
Desenvolvimento de cursos de Design
Senac São Paulo

É um prazer Para o Centro Cultural da Espanha em São Paulo / Agência Espanhola de Cooperação Internacional para o Desenvolvimento apoiar a realização, em São Paulo, da Quarta Bienal de Tipografia Latino-americana, em parceria com o SENAC, Bienal Tipos Latinos e o Centro Cultural São Paulo.

Compartilhamos com os nossos parceiros o intuito de trabalhar na construção de um espaço cultural ibero-americano, fortalecendo uma teia de designers em 13 países (Argentina, Bolívia, Brasil, Chile, Colômbia, Cuba, Equador, Guatemala, México, Paraguai, Peru, Uruguai e Venezuela) que tornam possível a quarta edição do projeto da Bienal de Tipografia Latino-americana.

Em 2010, dois profissionais participaram da mostra a convite do CCE_SP, Laura Meseguer, da Espanha, e José Scaglione, da Argentina, que compartilharam com o público brasileiro experiências e caminhos no fazer cotidiano da tipografia, por meio de oficinas e palestras as quais ampliaram a experiência de intercâmbio trazida pela Bienal Tipos Latinos a cada uma das sedes da mostra.

O CCE_SP faz parte da Rede de Centros Culturais da AECID, que apoia localmente, nos outros países, onde a mostra se realizou. Esses Centros estão situados nas principais capitais da América Latina e atuam no cruzamento entre cultura e desenvolvimento local, visando o fortalecimento do papel da cultura como motor de avanços. Além dos programas de cooperação cultural, um dos focos do CCE_SP é o apoio aos criadores, neste caso, aos tipógrafos e tipógrafas latinos, participantes da mostra.

Ana Tomé Diaz
Diretora
Centro Cultural da Espanha em São Paulo

PREFEITURA DA CIDADE DE SÃO PAULO
SECRETARIA DE CULTURA

A Bienal Tipos Latinos já contabiliza quatro edições, das quais esta é a segunda realizada no Centro Cultural São Paulo. E neste ano, mais uma vez, a instituição teve o prazer de oferecer a seus visitantes uma oportunidade dialógica com a diversidade das culturas textuais e gráficas da América Latina.

Brasil, Argentina, Bolívia, Chile, Colômbia, Cuba, Equador, Guatemala, México, Paraguai, Peru, Uruguai e Venezuela estiveram representados na exposição principal e nas atividades paralelas à mostra, como palestras, visitas mediadas e oficinas. Esse intercâmbio traz ao nosso cotidiano um acesso livre aos principais trabalhos tipográficos de designers latino-americanos, com os quais o Centro Cultural São Paulo tem travado uma profícua interlocução, a respeito, também, das mais diversas áreas do conhecimento.

Diretoria do Centro Cultural São Paulo

O que é Tipos Latinos?

Entre abril e julho de 2010 a América Latina abrigou o maior evento de design tipográfico da história do continente.

Tipos Latinos é o espaço para a reunião e divulgação do design tipográfico na América Latina. Atualmente, possui sede em 13 países latino-americanos: Argentina, Brasil, Bolívia, Chile, Colômbia, Cuba, Equador, Guatemala, México, Peru, Paraguai, Uruguai e Venezuela.

A Bienal Tipos Latinos 2010 aponta um fortalecimento do design e das redes culturais que estão se estabelecendo entre os países latinos e suas necessidades de registro histórico-cultural, atribuindo à tipografia a função de veículo desse repertório.

A exposição aconteceu simultaneamente em 13 países latino-americanos. Toda a programação, palestras e fotos dos espaços expositivos nos países podem ser acessados permanentemente em **www.tiposlatinos.com**

Tipos Latinos é integrado por tipógrafos da Argentina, Bolívia, Brasil, Chile, Colômbia, Cuba, Equador, Guatemala, México, Paraguai, Peru, Uruguai e Venezuela.

Coordenação Regional

Patricio Gatti
Argentina

Antonio Gaitán
Guatemala

David Criado
Bolívia

Francisco Calles
México

Luciano Cardinali
Brasil

Osvaldo Olivera
Paraguai

Daniel Berczeller
Chile

Candelaria Moreno
Peru

Ignacio Martínez
Colômbia

Alejandro Di Candia
Uruguai

Daniel Díaz
Cuba

Juan Carlos Darias
Venezuela

Esteban Salgado
Equador

Os nomes dos coordenadores estão ordenados alfabeticamente, segudo o país de procedência.

Tipos Latinos no Brasil

A quarta edição da Bienal Tipos Latinos foi inaugurada em São Paulo em 26 de junho de 2010 no Centro Cultural São Paulo, onde permaneceu exposta por cerca de dois meses.

Consolidada como a mostra de tipografia mais importante de toda a região, teve em sua abertura palestras de José Scaglione [typetogether] e Laura Messeguer, que também coordenaram workshops para grupos selecionados de participantes. Como de hábito, a mostra recebeu grupos de estudantes guiados por seus professores e visitas guiadas por profissionais do design tipográfico. Para celebrar seu encerramento, uma mesa de discussões contou com o jurado brasileiro Fábio Lopez, o coordenador da edição brasileira e o designer Fernando Caro, selecionado com dois projetos.

Um aspecto que deve ser destacado na seleção dessa edição é a constante evolução qualitativa dos trabalhos, certamente impulsionada pelo aumento de cursos avançados de design de tipos e o crescente número de designers que têm se profissionalizado exclusivamente na atividade, algo raro há alguns anos. Esses fatores abrem múltiplas janelas para que a bienal possa se adaptar a essa realidade, renovando seu formato, ampliando o espectro de categorias e de palestras, bem como o contato com designers e novas tecnologias.

Luciano Cardinali
Tipos Latinos Brasil
Coordenador

Jurado de Tipos Latinos 2010

 Marcela Romero
Argentina

 Fabio Lopez
Brasil

 Hugo Rivera Scott
Chile

 César Puertas
Colômbia

 Francisco Calles
México

 Juan Heilborn
Paraguai

 José de los Santos
Uruguai

Os nomes dos jurados estão ordenados alfabeticamente, segundo o país de procedência.

O júri foi unânime em outorgar Menções de Excelência a sete trabalhos que se distinguem por sua qualidade.

Comentários sobre o Júri

Durante os dias 22 e 23 de março, Montevidéu recebeu os jurados de Tipos Latinos 2010, a quarta Bienal de Tipografia Latino-americana. Diferentemente das três bienais anteriores, essa edição abandonou a fórmula de um jurado por sede, formando um júri de seis membros, eleitos por votação dos coordenadores, mais um membro da sede local do júri. Dos 699 trabalhos inscritos inicialmente, 450 foram recebidos (alguns deles compostos por seis lâminas ou mais), o que confirma o sólido crescimento da convocatória.

A primeira etapa do júri, desenvolvida durante o primeiro dia, permitiu aos jurados revisar todas as categorias, avaliando individualmente cada trabalho. Em alguns casos, avaliou-se a recategorização de algumas lâminas para posicioná-las em categorias que lhes permitissem um melhor desempenho.

A segunda jornada começou com uma seleção de 150 trabalhos de elevada qualidade técnica e/ou de interesse tipográfico. Nessa etapa, além das votações, os membros do júri deliberaram intensamente durante longas sessões, apoiados sempre em sólidas argumentações de caráter tipográfico ou cultural, sem abandonar o espírito de camaradagem e compenetração com o trabalho efetivo.

Como resultado, a seleção consta de 70 tipografias e oito exemplos de aplicações de tipografias latino-americanas que representam claramente o avanço que a tipografia regional tem obtido nos últimos anos. De forma unânime, o júri decidiu outorgar Menções de Excelência a sete trabalhos que se distinguem por suas qualidades.

Vicente Lamónaca
Tipos Latinos Uruguai
Coordenador do Júri

Trabalhos selecionados

Família p.22

Texto p.38

Título p.52

Experimentais p.80

Tela p.92

Miscelânia p.92

Desenhos com tipografias latino-americanas p.104

Família

Sistemas tipográficos formados por duas ou mais variantes de estilo.

FAMÍLIA | 23

MONARCHA | **ISAC CORREA RODRIGUES** | BRASIL

KUKULKAN | **RAÚL PLANCARTE** | MÉXICO

Enviada

a su sacra majestad
del emperador nuestro señor

por el capitán general de la NUEVA ESPAÑA
llamado don Fernando Cortés
en la cual hace relación de las **tierras y provincias sin cuento** que ha descubierto
y ha sometido a la corona real de SU MAJESTAD

Hay muy grandes ciudades & maravillosos edificios
*entre las cuales hay una **más maravillosa** y rica que todas*
llamada TENUSTITLAN, que está por maravilloso arte edificada sobre una grande laguna

«Es un diseño vivo, que respira, con la cantidad de variaciones justa en la forma de los caracteres. Al combinar la alternancia de esquinas angulosas y redondeadas con curvas seguras produce una mancha de texto agradable y fresca; tiene una sensación de haber sido cortado a mano pero no deja dudas de que es una interpretación contemporánea.» YVES PETERS, *fontfeed.com*, marzo 2010

«Ya se ve prometedora, con un toque de ritmo en sus formas sin perder formalidad. [...] Puede ser un sustituto útil para las familias de estilo antiguo.» JACK YAN, *Desktop Magazine* (Australia), agosto 2009

«El resultado es una familia perfecta [...] es universal y funciona exitosamente fuera de su ambiente cultural.» LINDA KUDRNOVSKÁ, *Typo* (República Checa), invierno 2009

☞ **MÁS INFORMACIÓN: WWW.ESTUDIO-CH.COM**

EXCELÊNCIA

ESPINOSA NOVA | **CRISTÓBAL HENESTROSA** | MÉXICO

{Corvus}

Gran época aquella de Revoluciones...

Mexicanismo

La inspiración existe, pero tiene que encontrarte trabajando

Xochiquetzal

Cría cuervos y te sacaran los ojos

espiritualmente

«Memento homo, quia pulvis est et in pulverem reverteris»

¿Que Barquero de Estigia?

Corvus Antiqua

ABCDEFGHIJKLMNÑOPQRSTUVWXYZ
ábcdêfghijklmñöpqqrſstùvwxyz & 1234567890
*†‡§¶·#$€£ƒ¥¢"«¿[{(¡@!)}]?»"æœÆŒçß©®™

Corvus Cursiva

ABCDEFGHIJKLMNÑOPQRSTUVWXYZ
ábcdêfghijklmñöpqqrſstùvwxyz & 1234567890

Corvus Fraktura

ABCDEFGHIJKLMNÑOPQRSTUVWXYZ
ábcdêfghijklmñöpqqrſstùvwxyz & 1234567890

Caeterum in clauſtris coram legentibus fratibus, quid facid ridicula monſtruoſitas, mira quaedam deformis formoſitas ac formoſa deformitas? Quid ibi immundae ſimiae? quid monſtruoſi centuari? quid ſemihomines? quid maculoſae tigrides? quid milites pugnantes? quid venatores tubicinantes? Videas ſub uno capite multa corpora et rurſus in uno corpore capita multa.

Cernitur hinc in quadrupede cauda ſerpentis, illino in piſce caput quadrupedis. Ibi Beſtia praefert equum geſtat poſterius. Tam multa denique tamque mira diverſarum formarum ubique varietas apparet, ut magis legere libeat in marmoribus quam in codicibus, totumque diem occupare ſingula iſta mirando quam in lege Dei meditando.

Proh Deo! Si non pudet ineptiarum, cur vel non piget expenſarum? Nos vero qui jam de populo exivimus, qui mundi quaeque pretioſa ac ſpecioſa pro Chriſto reliquimus, qui omnia pulcre lucentia, canore mulcentia, ſuave olentia, dulce ſapientia, tactu placentia, cuncta denique obleétamenta corporea arbitrati ſumus ut ſtercora...

Desde que se ha utilizado el término Gótico ha sido con un marcado carácter peyorativo, representaba lo bárbaro contra el humanismo. Irónicamente, el origen de uno y otro estilo tipográfico no es ajeno a las influencias mutuas, y su desarrollo tampoco ha escapado a los intentos de reconciliarlas; la indomable y oscura gótica en oposición a la sobria y racional romana. El estigma del que ha sido objeto la letra oscura comienza a diluirse encontrando nuevos usos y formas, ahí es donde Corvus encuentra su lugar, no es solo romana-gótica o un regular-bold, es un experimento genético que ahonda en la variedad misma de cada estilo para obtener una mutabilidad capaz de crear no solo un híbrido sino recuperar su uso, no confinándola solo a dar énfasis o contraste.

CORVUS | JONATHAN CUERVO CISNEROS | MÉXICO

Comentário sobre Corvus

Mais de cinco séculos depois da invenção da prensa de tipos móveis de estilo góti-co e o surgimento das primeiras romanas, conhecidas como venezianas, o mexicano Jonathan Cuervo nos surpreende com sua família tipográfica Corvus.

Quando Nicholas Jenson gravou seus primeiros caracteres de impressão, em 1470, renunciou deliberadamente ao modelo de escrita gótica predominante na épo-ca e produziu um autêntico "cisma" tipográfico. Depois dele, o arquétipo das letras de impressão mudaria para sempre.

Apenas cinco anos separam as góticas de Gutenberg das romanas de Jenson. Contudo, as diferenças de estilo, construção e atitude são enormes. O que acontece quando um designer propõe explorar essa bre-cha entre as romanas antigas e as góticas? A resposta pode ser Corvus.

Corvus é um dos trabalhos mais interessantes da bienal porque pro-põe toda uma investigação gráfica sobre os estilos góticos e romanos.

É uma família fundada em uma estrutura autenticamente híbrida, em que a pena de ponta chata em um ângulo não muito inclinado pro-porciona um ritmo similar aos das venezianas, e um esqueleto de formas abertas, mas com reminiscências do gótico, torna possível um bom equilíbrio entre a percepção de textura e das formas in-dividuais das letras. São membros da família uma "gótica romanizada" (antiga) que se relaciona de modo natural com uma "Cancelleresca Bastarda" (cursiva), complementadas com a Fraktur, de textura mais intensa e de maior calibre, que faz as vezes do negrito.

Alguns detalhes que poderiam ser melhores na Corvus são a diferença de contornos interno e externo do "c" e do "o", a curvatura do sinal de exclamação e o contraste do vínculo na ligadura "st", na versão Antiqua. Assim mesmo, em benefício de uma textura mais uniforme, poderia se restabelecer a lar-gura do "c" e o espaço entre as palavras na versão Cursiva.

Tipografias como a Corvus demonstram que hoje, mais do que nunca, a inovação na tipografia não somente é possível, mas necessária, ainda que paradoxalmente isso se alcance por um olhar cuidadoso ao passado.

César Puertas
Colômbia

GEOTROTESQUE | **EDUARDO MANSO** | ARGENTINA

FAMÍLIA | 29

Sunday Times Modern — emtype.net

The Sunday Times Modern typefaces were created by Emtype Foundry for the Sunday Times Newspaper in London. © Times Newspapers Limited 2008.

More writers & readers
Being a true English gentleman is not simply
Be thou blest, Bertram
London tradition & Special Newspapers
Englishman
He cannot want the best, that shall attend his love
The hind that would be
The attribute of being unusually effective and simple
Underground
Is considered to have mathematical elegance
A small number

SET DE CARACTERES

ABCDEFGHIJKLMNOPQRSTUVWXYZ
abcdefghijklmnopqrstuvwxyz & 0123456789
ÀÁÂÃÄÅÆÇÐÈÉÊËÌÍÎÏŁÑÒÓÔÕÖØŒÞŠÙÚÛÜÝŸŹ àáâãäåæçðèéêëìíîïłñòóôõöøœþšßùúûüýÿž
(/)[]{}\}¿¡!?«»''""",,,::._—·†‡*§¶@©®™€$¢£ƒ¥¼½¾%‰ ªº123#¡^+−±×÷=≠~≈<>≤≥

Descripción. Comisionada por el director de arte Alfredo Triviño para «The Sunday Times». Los primeros bocetos fueron hechos a principios de noviembre de 2007, se empezó trabajando con una idea mas clásica y cesencional (terminales con forma de gota, proporciones anormales y serifas con cartelas redondeadas). Pero a raíz de una efectiva observación de la competencia se decidió dar un giro de 180 grados en el acabado formal de los caracteres, caminando las serifas, terminales y muchos otros detalles, entre ellos el ancho de los caracteres. ¶ La «Sunday Times Modern» se usa para componer los titulares del cuerpo principal del periódico, mientras que en el resto de secciones se usa como tipografía secundaria. Es un tipo display y en principio esta optimizado para funcionar en titulares de entre 10 y 90 pt aunque se puede usar con seguridad a partir de un cuerpo 16. La altura de vesotos es un 85% con respecto a las mayúsculas, lo cual la hace ver más grande comparada con muchas otras tipografías al mismo cuerpo. Además tiene ascendentes y descendentes cortos, lo que posibilita usar interlineados mas apretadas y componer titulares compactos y con mayor impacto visual. ¶ La familia se compone de seis variables: Light, Medium y Bold con sus italicas. Es de uso exclusivo del periódico «The Sunday Times» y no estará disponible para licenciar.

SUNDAY TIMES MODERN | **EDUARDO MANSO** | ARGENTINA

ADELLE | **VERONIKA BURIAN E JOSÉ SCAGLIONE** | REPÚBLICA CHECA / ARGENTINA

KARMINA SANS | **VERONIKA BURIAN E JOSÉ SCAGLIONE** | REPÚBLICA CHECA / ARGENTINA

PEREC | **ALEJANDRO LO CELSO** | ARGENTINA / MÉXICO

FAMÍLIA | 33

FS Jack

147/847

Con un carácter funcional, confiable, y con una apariencia clara y contemporánea, FS Jack busca unir elementos innovadores a un buen funcionamiento en diversos medios impresos y digitales. Inteligente, moderna, versátil y entusiástica son los adjectivos que definen efectivamente el partido adotado.

Los 9 pesos diferentes y character-set expandido conferiren a la família muchas posibilidades de uso, tanto en situaciones 'display' como títulos y logotipos, como en textos más extensos.

Es indicada para projectos audaciosos y que demandan originalidad, claridad y funcionalidad, como identidades de branding, projectos de sinalización y projectos gráficos editoriales.

hermosa & cinzelada
fanfarronería chula
um rapaz simpático, agradável e respeitoso

sambasoul'70

¿Comprendes?

KAŻDY JĘZYK PODLEGA CIĄGŁYM

Señor Smith

57081.974^{pcm} 2012

365 peruvian jalapeños

Pesos disponibles
FS Jack Light
FS Jack Light Italic
FS Jack Regular
FS Jack Italic
FS Jack Medium
FS Jack Medium Italic
FS Jack Bold
FS Jack Bold Italic
FS Jack Poster

mayores informaciones
»http://www.fontsmith.com
»info@fontsmith.com

©2009-2010
FS Jack es un copyright de Fontsmith Ltd

FS JACK | **FERNANDO MELLO E JASON SMITH** | BRASIL / INGLATERRA

LAVIGNE | **RAMIRO ESPINOZA** | ARGENTINA

Sedna
Raúl Plancarte

SEDNA | **RAÚL PLANCARTE** | MÉXICO

TIPOS LATINOS 2010 | QUARTA BIENAL DE TIPOGRAFIA LATINO-AMERICANA

arauto

Uma fonte para composição de textos de jornais

black
¡ÀBÇDÊFGHIJKLMÑÓ!
¿PQRSTÜÚVWXYZ?
àbçdêfghíjklmñopqr
stüvwxyz1234567890
&1234567890ÀBÇDÊFG
HÍJKLMÑOPQRSTÜVWX
YZßÆæŒœfifififíQuɕɥ
nhʄhsswww ãõ ãẽ ỗẽ RS@#
%»›}])®©™ªº123¼½¾§
$£¥€ƒ*¶†‡þÞ.,;:•~""

regular
¡ÀBÇDÊFGHIJKLMÑÓ!
¿PQRSTÜÚVWXYZ?
àbçdêfghíjklmñopqr
stüvwxyz1234567890
&1234567890ÀBÇDÊFG
HÍJKLMÑOPQRSTÜVWX
YZßÆæŒœfifififíQuɕɥ
nhʄhsswww ãõ ãẽ ỗẽ RS@#
%»›}])®©™ªº123¼½¾§
$£¥€ƒ*¶†‡þÞ.,;:•~""

Esta fonte foi desenvolvida prioritariamen-
te para textos de jornais, mas seu desenho
permite também aplicações mais universais,
como em livros, revistas e mesmo em títulos.
O trabalho procurou responder a questões
específicas de jornais, como economia de espaço e baixa qualidade de impressão. Buscou-
se formas que expressassem a credibilida-
de desejada para a publicação de notícias,
mas que, ao mesmo tempo, remetessem a
algo contemporâneo, evitando redesenhos
de soluções clássicas, predominantes em
jornais. As letras apresentam terminais e
serifas pontiagudas trazendo vitalidade e
certa personalidade à malha de texto.

ARAUTO | **FERNANDO CARO** | BRASIL

FAMÍLIA | 37

El futre

PAILÓN EN LAS ESQUINAS DE LA CUARTA

¡Tampoco soy tu cachiche!

cogollitos

Esquivando chocos entre

bizcochitos

CÓSMICOS Y CÍRCULOS CONCÉNTRICOS

del cero al 1567

¡Manso Chumbinazo Guón!

ABCÇDEFGHIJKLMNÑOPQRSTUVWXYZ
ABCÇDEFGHIJKLMNÑOPQRSTUVWXYZ
abcçdefghijklmnñopqrstuvwxyz | áéíóùš
@ 1234567890™ «[(&€$:;-¿?¡!·©‡†)]»
▪ fj fl fh ffi ffj ffk ffb... ←↑↗↘↙↖→⊠

KALIDOSCOPIO NACIÓ COMO UNA
inquietud por el diseño tipográfico
y para la identidad corporativa de mi
estudio de diseño. Se trata de una
sansserif con cierto aire humanista,
de formas simples y económicas.
El sistema incluye redondas e itálicas,
con sus respectivas VERSALITAS,
cuatro juegos de números y elementos
complementarios –todo declinado en
cuatro pesos y una versión para títulos.
Configura un sistema versátil, de 17
variables (por ahora), capaz de funcionar en textos o display.

KALIDOSCOPIO | **JUAN PABLO DEL PERAL** | ARGENTINA

Texto

Tipografias que buscam a máxima legibilidade e conforto para o leitor, destinadas a composição de textos em condições de leitura prolongada.

KALU | **JUAN MONTOREANO** | ARGENTINA

VOCES | **ANA PAULA DE BRAGANÇA MEGDA E PABLO UGERMAN** | BRASIL / ARGENTINA

Comentário sobre Voces

A busca de um consenso para a representação de sons de uma diversidade de idiomas, originou o Alfabeto Fonético Internacional (IPA, em inglês), criado por linguistas no século XIX e cuja última versão corresponde ao ano de 2005. A procura por uma correspondência entre a representação sonora e a visual tem sido também o motivo de desvelos de inumeráveis seres humanos desde a invenção da escrita (ainda que nesse processo tenham sido mais pelas imposições e menos pelos consensos) e onde os escribas e tipógrafos tiveram papéis protagonistas. É nesse marco que se situa Voces, na busca ancestral do consenso na clareza dos signos.

Voces, da brasileira Ana Paula Megda e do argentino Pablo Ugerman, responde a um contexto tão específico como necessário. Tendo encontrado um nicho de investigação tão pouco frequentado, propõe uma solução para a edição de dicionários bilíngues, incluindo, na mesma família, os signos do IPA, orientadores da pronúncia de uma língua desconhecida. Os caracteres do IPA abrangem 110 glifos, entre minúsculas, letras gregas e outros signos; além de 105 diacríticos e 75 modificadores.

A busca pelo alto rendimento com ascendentes e descendentes curtas; a precaução perante impressões de baixa qualidade com signos abertos, contraformas amplas e fendas (*ink traps*); a uniformização do traço e proporções entre ambos os alfabetos, são características de destaque, sob o ponto de vista formal-pragmático do projeto. Para dar maior versatilidade ao projeto, é desejável que continuem se desenvolvendo, e se desenhem, variáveis como cursiva, negrito e versaletes.

O interesse pelo usuário final, o rigor acadêmico e a preocupação pela técnica de reprodução são ingredientes essenciais desse projeto, além dos motivos principais que o levou a ser comentado. Em uma tipografia para texto, a beleza não reside apenas em suas formas e contraformas; às vezes, são belas — como nesse projeto — pelo espírito de universalidade e consciência das limitações que as fazem não somente úteis, mas profundamente necessárias.

Juan Heilborn
Paraguai

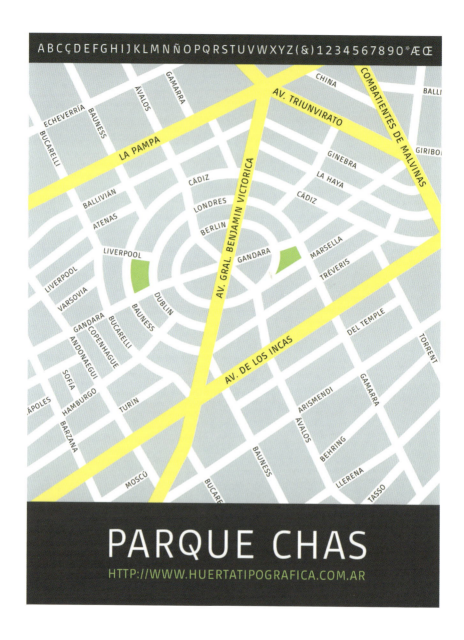

PARQUE CHAS | **SOL MATAS E JUAN PABLO DEL PERAL** | ARGENTINA

TEXTO | 43

LATINITÉ ROMAN | **CARLOS ZINNO** | ARGENTINA

FEDORA REGULAR | **HORACIO MELLA** | CHILE

TEXTO | 45

{Rambla}

UNA TIPOGRAFÍA SANS PARA TEXTO

Contemplación

El color de la leña encendida ilumina la habitación y ella, parada frente al fuego, baila despacio al sonido de la música distante, mientras la mira dormir, acostado y desnudo sobre la alfombra.

Ella le pide a los dioses que le abran las puertas para entrar en su sueño, y va acariciando con los ojos los contornos de su cuerpo.

Él permanece distante e inmóvil, pero ella siente su calor en la piel. Entonces él se mueve un poco, sólo un poco, y ella tiembla como si la tocara, y piensa que contemplar a un hombre mientras duerme es un acto interior absolutamente solitario.

Contemplar no es ver, sino mirar hacia dentro. La mirada es diferente que la vista, porque hurga hacia dentro de quien mira y delata su deseo, mientras arrebata de lo mirado aquello que encuentra en su reflejo.

Por eso es peligroso y ella lo sabe. No todos toleran una mirada y retiran la suya cuando sienten que es demasiado intensa, aunque por lo general ni siquiera miran a los ojos.

Cuando se encuentra con alguien que no osia se deja mirar, sino que devuelve desafiante la mirada, ella intenta tener mucho cuidado. Sabe que lo importante no es conseguir lo que se desea, sino permanecer en pie cuando esa puerta se abre.

Entonces lo mira desplazándamente hasta sentir miedo.
Y luego, abre la puerta y entra.

`Rambla 12/18 Pt.`

Uruguayan Director Federico Alvarez was all over the Los Angeles Times due to his short film "Panic Attack", but the exposure also made him the center of criticisms. An acid North American show business website defined the whole incident as another in the long list of Hollywood mistakes.

The story of Fedrico Alvarez and the short film that opened doors for him in Hollywood is not only news in Uruguay. Los Angeles Times had an article about the hefty contract that the Uruguayan landed with Sam Raimi for directing a movie.

This exposure also made him the center of jokes in the popular show business site WWTDD which always adds that extra acid touch to Hollywood news.

"Hollywood is run by idiots" is the name of the article. It tells of the experiences of Kerry Conran and Michael Davis. The first "spent 4 years on his Mac making a 6-minute trailer about giant robot war machines. A famous producer saw the footage, and that trailer became the movie 'Sky Captain and the World of Tomorrow'. It cost $80 million."

A few years later "Davis made a 3-minute reel of animated footage showing different action scenes that he wanted to turn into a movie. The ideas were stupid, but so is Hollywood so New Line gave him a bunch of money and those drawings became 'Shoot Em Up'. It cost $51 million.

`Rambla 11/17 Pt.`

See Emily Play

EMILY TRIES BUT MISUNDERSTANDS, AH OOH
SHE OFTEN INCLINED TO BORROW SOMEBODY'S DREAMS TILL TOMORROW
THERE IS NO OTHER DAY
LET'S TRY IT ANOTHER WAY
YOU'LL LOSE YOUR MIND AND PLAY
FREE GAMES FOR MAY
SEE EMILY PLAY
SOON AFTER DARK EMILY CRIES, AH OOH
GAZING THROUGH TREES IN SORROW HARDLY A SOUND TILL TOMORROW
THERE IS NO OTHER DAY
LET'S TRY IT ANOTHER WAY
YOU'LL LOSE YOUR MIND AND PLAY
FREE GAMES FOR MAY
SEE EMILY PLAY
PUT ON A GOWN THAT TOUCHES THE GROUND, AH OOH
FLOAT ON A RIVER FOREVER AND EVER, EMILY
THERE IS NO OTHER DAY
LET'S TRY IT ANOTHER WAY
YOU'LL LOSE YOUR MIND AND PLAY
FREE GAMES FOR MAY
SEE EMILY PLAY

`Rambla 11/17 Pt.`

[(® ©)]
§ $ ¥ £ @
{ * ¡ ¿ & ! ? }

Esfuerzo
URUGUAYOS
Müller 2065, Ap.3
Espías
SOPLANDO LA SUAVE BRISA
Artigas
Observa el mar en la noche
Rúcula
¿Quién fué a Berlín?
PARQUE DEL PLATA
*****

Rambla es una tipografía sans humanista, para uso en textos corridos no muy extensos.
Es apenas condensada, con una altura de equis generosa y ascendentes y descendentes no muy largas.
Estas proporciones tienen como objetivo ganar espacio en alto y ancho de la composición.
Es elegante en cuerpos grandes y a su vez legible y con ritmo en cuerpos pequeños.

ABCDEFGHIJKLMNÑOPQRSTUVWXYZ
abcdefghijklmnñopqrstuvwxyz

MVD RAMBLA | **MARTÍN SOMMARUGA** | URUGUAI

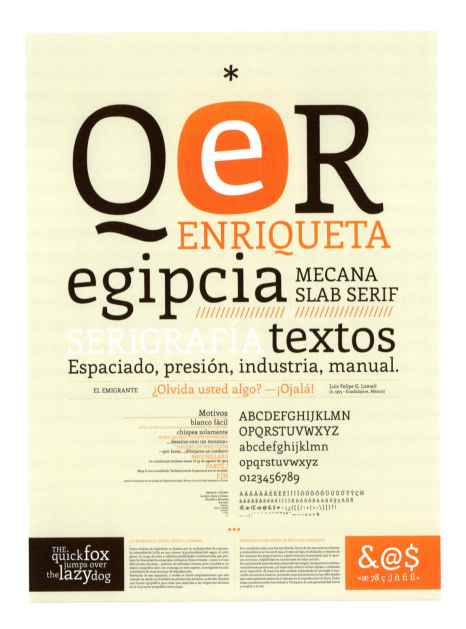

ENRIQUETA BOOK | **VIVIANA MONSALVE E GUSTAVO J. IBARRA** | COLÔMBIA / ARGENTINA

«Kafka»
TIPOGRAFÍA PARA TEXTOS LITERARIOS

"Casi ninguna palabra que escribo se adapta a las demás. No veo en absotulo a la palabra, la invento". FRANZ KAFKA

KAFKA REGULAR | **DIANA EDITH DOMÍNGUEZ RUIZ** | MÉXICO

SEDÁN | **SEBASTIÁN SALAZAR** | URUGUAI

PETRA | **FERNANDO CARO** | BRASIL

SANCHO REGULAR | **MIGUEL REYES CABRERA** | MÉXICO

TEXTO | 51

El Gato (I)

A tal punto su timbre es tierno y discreto;
pero, aunque, su voz se suavice o gruña,
ella es siempre rica y profunda:
allí está su encanto y su secreto.
Esta voz, que brota y que filtra,
en mi fondo más tenebroso,
me colma cual un verso cadencioso
y me regocija como un filtro.
Ella adormece los más crueles males
y contiene todos los éxtasis;
para decir las más largas frases,
ella no necesita de palabras.
No, no hay arco que muerda
sobre mi corazón, perfecto instrumento,
y haga más noblemente
cantar su más vibrante cuerda.
Que tu voz, gato misterioso,
gato seráfico, gato extraño,
en que todo es, cual en un ángel,
¡Tan sutil como armonioso!

Charles Baudelaire

aro

Brilla con sus terminales angulados y atrapatintas.
Luce serifas asimétricas, modulación vertical, un
contraste balanceado y es estilizada.

{✦🐱†*}
fi@§π$¶

Amaranta es una búsqueda en la conciliación de belleza y
función para la satisfacción del lector. Su construcción se
basa en un proceso de análisis de la forma, teniendo en
ese sentido se acerca al trabajo de tipógrafos neoclásicos como Grandjean
o Baskerville, de allí su modulación vertical, sin embargo su
contraste poco pronunciado ofrece calidez y confort en la
lectura, sus terminales angulados y atrapatintas entregan
buen registro en impresión y sus proporciones ligeramente
condensadas ofrecen buen rendimiento para la composición
de texto en libros y revistas.

ABCDEFGHIJKLMNÑOPQQRSTUVWXYZÁÀÃÄÂÅ
ÈËÉÍÏÎÓÒÕÖÔÚÙÜÛÝŸŠŽÆŒÐØÞŁabcdefghijkl
mnñopqrstuvwxyzáàãäâåéèëíïîóòõöúùüûýÿšž
æðøþłfiflffbfhfkfjftffifflffbffhffkffjfftABCDEFGHIJKLM
NÑOPQRSTUVWXYZÀÁÃÄÂÅÉÈËÍÏÎÓÒÕÖÚÙÜÛÝŸŠŽ&
#0123456789¹²³&{[(¿¡~!?)]}½¼¾∑∏∫∆π∞∂Ω‰
¶@§†‡ß€$£¥ƒ¢™©®−–-+=≠≈|«»‹›.:,;…*'"''""•✦🐱

AMARANTA REGULAR | RODRIGO LÓPEZ FUENTES | CHILE

Título

Tipografias orientadas
para a composição de
textos breves, em geral
em corpo superior a 14 pt.
Sua função principal é criar
hierarquia nas informações
do conteúdo.

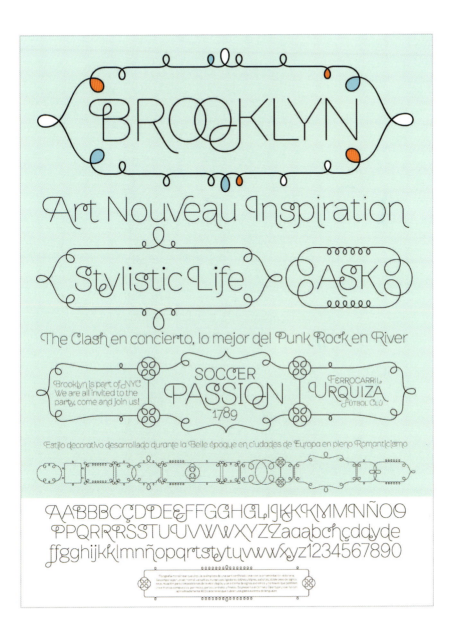

BROWNSTONE | **ALEJANDRO PAUL** | ARGENTINA

CARLOTA | **ÓSCAR YÁÑEZ** | MÉXICO

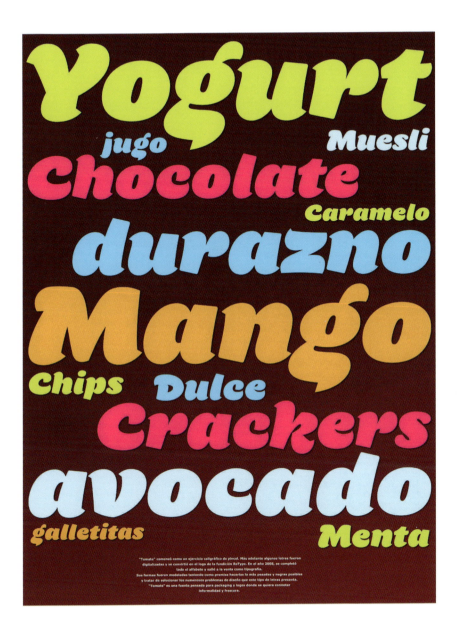

TOMATE | **RAMIRO ESPINOZA** | ARGENTINA

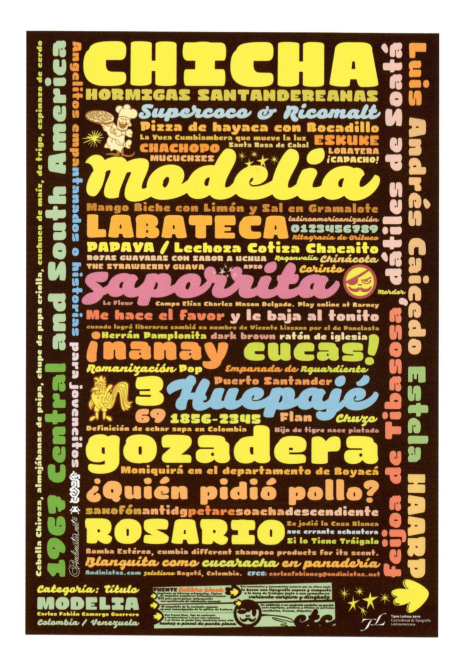

MODELIA BLACK | **CARLOS FABIÁN CAMARGO GUERRERO** | COLÔMBIA / VENEZUELA

Comentário sobre Modelia Black

Modelia é uma fonte *display* inspirada nos letreiros artesanais típicos dos comércios populares latino-americanos. Remete à rotulação manual realizada com pincel de ponta chata, e no DNA de cada letra está evidenciado o desenho por traços. A maneira como isso se constituiu em um fator estético chamou particularmente a atenção.

Camargo ensaia um híbrido entre os esqueletos das escritas góticas de textura e a fundacional de Johnston para definir a trajetória de cada traço. Propõe uma "romanização" da gótica, substituindo a ferramenta de escrita por um pincel de ponta chata. Define que a altura-de-x corresponda a duas vezes a largura do pincel e que a largura de cada letra seja equivalente à altura-de-x. Cada traço tem um ângulo de inclinação diferente, determinado pelos brancos internos de cada signo, e — ao passo que a monotonia desses brancos é intencionalmente afetada — devem se considerar correções ópticas, tanto na largura de alguns signos como no branco circundante a cada um deles e o consequente ajuste de *kerning*, para se obter uma textura mais homogênea.

Usando traços lisos, com ascendentes e descendentes menores que a altura-de-x, e terminações arredondadas ou em forma de meia-lua, obteve-se uma tipografia portadora de uma contundência visual singular. Camargo nos deixa entrever harmonicamente as variantes cursiva e *dingbats*, alternativas de hierarquização características do contexto no qual se origina Modelia, reforçando a ideia de que cada família há de responder a um fim específico de comunicação necessário ao "estudo das letras vernaculares feitas a pincel" e à consequente comercialização da fonte.

Às vezes, pouco importa o processo, pois os resultados falam por si próprios. Mas é bom compartilhar o motor do projeto de um autodidata com constância e de um espírito de superação inquebrantável. Parabéns a Carlos Fabián, Venezuela e Colômbia.

José de los Santos
Uruguai

LASSI DISPLAY | **DARÍO MUHAFARA E EDUARDO TUNNI** | ARGENTINA

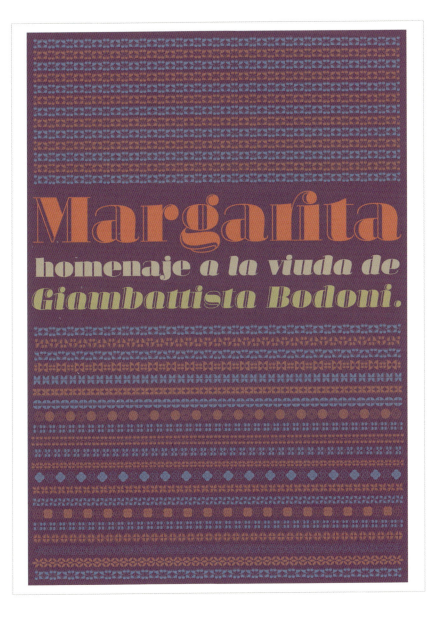

MARGARITA | **ALEJANDRO LO CELSO** | ARGENTINA / MÉXICO

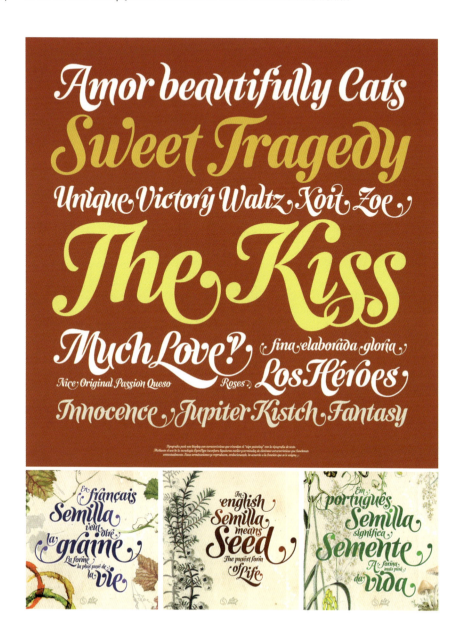

SEMILLA | **ALEJANDRO PAUL** | ARGENTINA

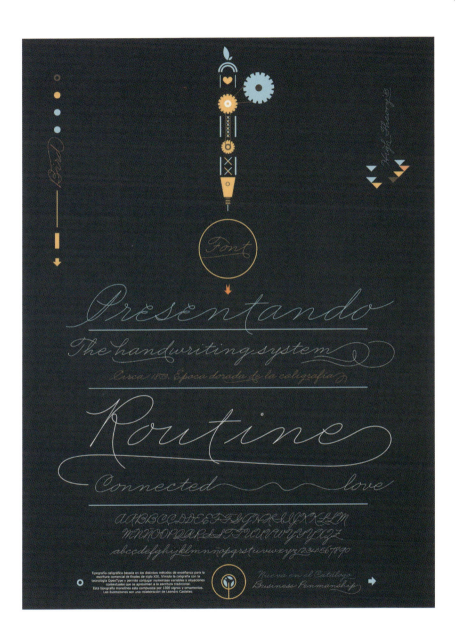

BUSINESS PENMANSHIP | **ALEJANDRO PAUL** | ARGENTINA

BONECA DE PANO PR | **PEDRINA REIS** | BRASIL

PICACHO | **DIEGO NEGRETE** | MÉXICO

64 | TIPOS LATINOS 2010 | QUARTA BIENAL DE TIPOGRAFIA LATINO-AMERICANA

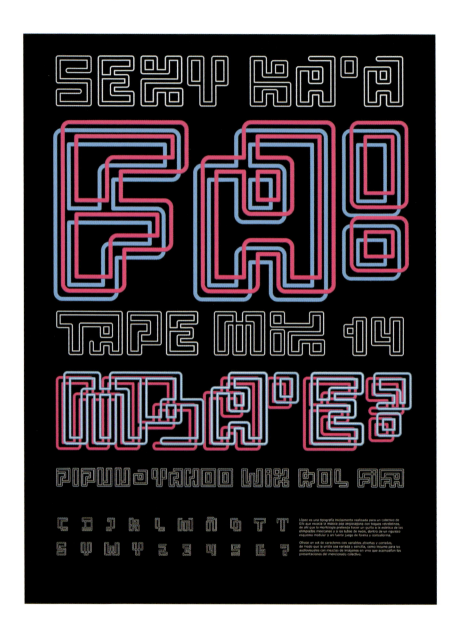

LÓPEZ | **ALEJANDRO VALDÉZ SANABRIA** | PARAGUAI

ELOLÍNEA | **LEONIDAS LOYOLA VALENZUELA** | CHILE

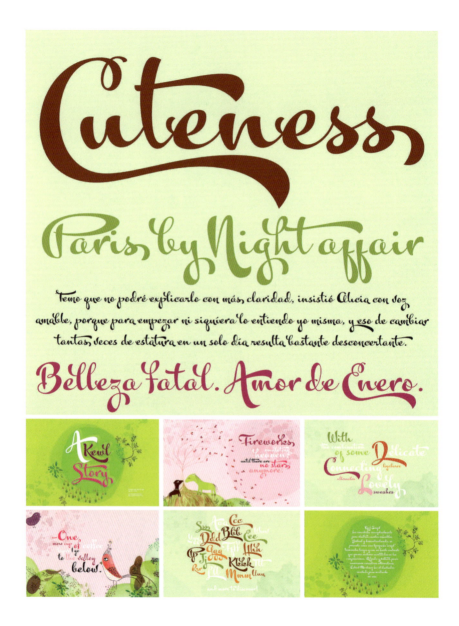

KEWL SCRIPT | **ALEJANDRO PAUL** | ARGENTINA

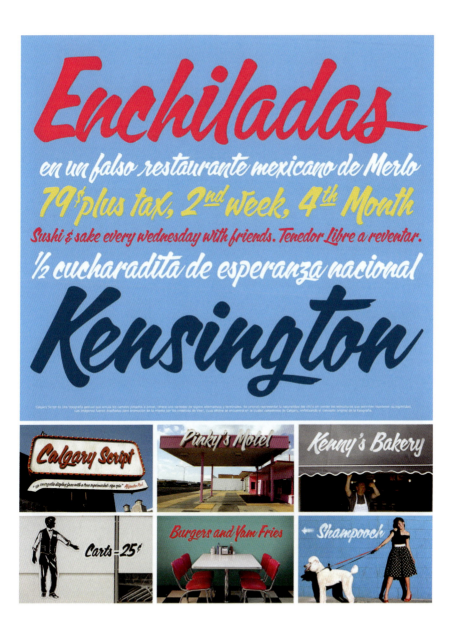

CALGARY SCRIPT | **ALEJANDRO PAUL** | ARGENTINA

CHANGA | **EDUARDO TUNNI** | ARGENTINA

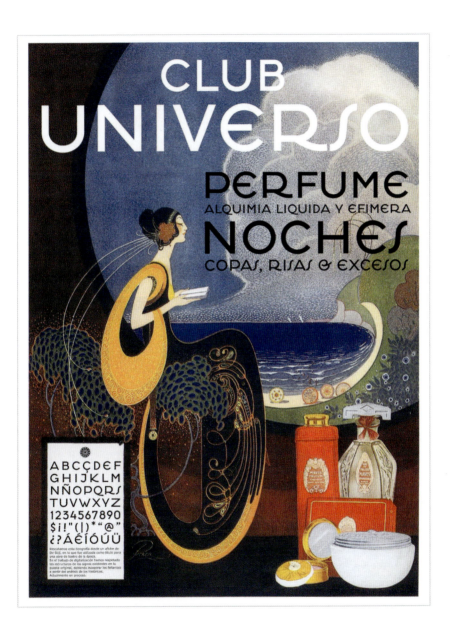

CLUB UNIVERSO | **MARIANA PARIANI E EDUARDO TUNNI** | ARGENTINA

VICTORINA | **JOHN MOORE** | VENEZUELA

| TÍTULO | 71

ADRIANE LUX | **MARCONI GOMES LIMA** | BRASIL

72 | TIPOS LATINOS 2010 | QUARTA BIENAL DE TIPOGRAFIA LATINO-AMERICANA

JUANITA LA ENVIDIOSA | **MACARENA BUDÍN ACEVEDO** | CHILE

PLASTILINA | **MIGUEL REYES CABRERA** | MÉXICO

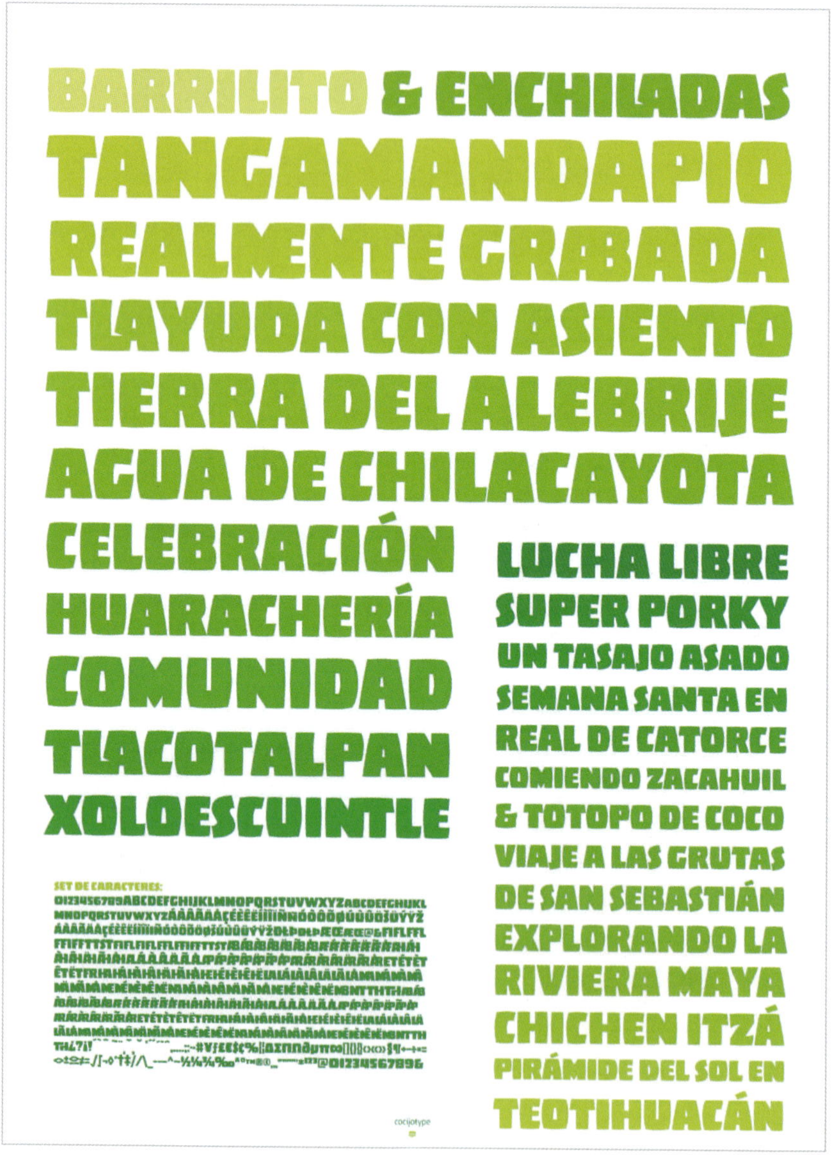

TIPOS LATINOS 2010 | QUARTA BIENAL DE TIPOGRAFIA LATINO-AMERICANA

BARRILITO & ENCHILADAS

TANGAMANDAPIO

REALMENTE GRÆBADA

TLAYUDA CON ASIENTO

TIERRA DEL ALEBRIJE

AGUA DE CHILACAYOTA

CELEBRACIÓN

HUARACHERÍA

COMUNIDAD

TLACOTALPAN

XOLOESCUINTLE

LUCHA LIBRE
SUPER PORKY
UN TASAJO ASADO
SEMANA SANTA EN
REAL DE CATORCE
COMIENDO ZACAHUIL
& TOTOPO DE COCO
VIAJE A LAS GRUTAS
DE SAN SEBASTIÁN
EXPLORANDO LA
RIVIERA MAYA
CHICHEN ITZÁ
PIRÁMIDE DEL SOL EN
TEOTIHUACÁN

BARRILITO | **ELI CASTELLANOS CHÁVEZ** | MÉXICO

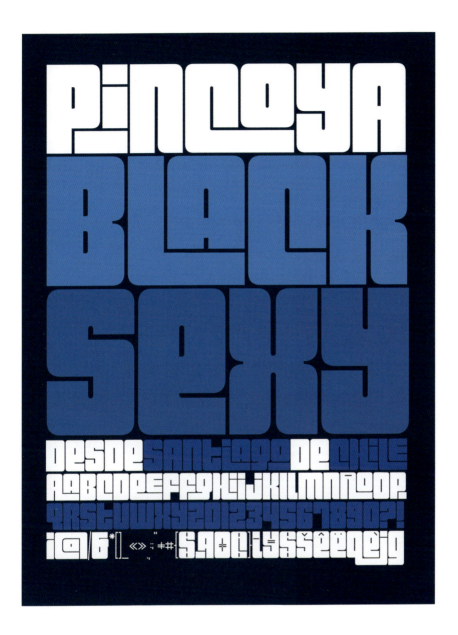

PINCOYA BLACK | **DANIEL HERNÁNDEZ** | CHILE

FORCE | **RICARDO ESTEVES GOMES** | BRASIL

RADIO TIME | **JOHN MOORE** | VENEZUELA

TLATOANI | **GABRIEL MARTÍNEZ MEAVE** | MÉXICO

Experimentais

Tipografias que
podem contemplar
ou não a legibilidade, já
que a investigação formal
e a experimentação
são mais importantes.

EXPERIMENTAIS | 81

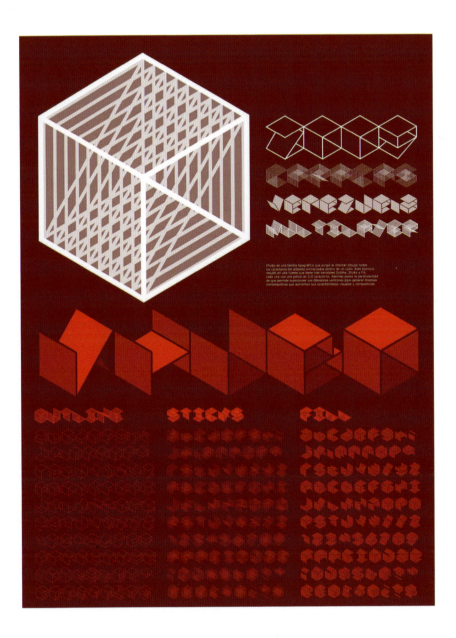

KHUBO | **RODRIGO FUENZALIDA** | VENEZUELA

ÓPTICA NORMAL | **MANUEL GUERRERO** | MÉXICO

EXPERIMENTAIS | 83

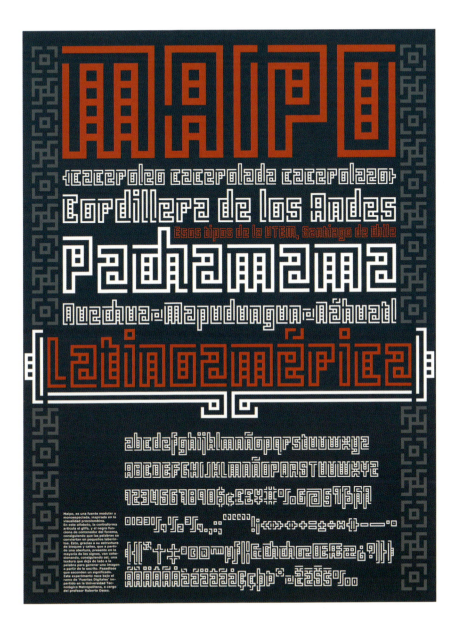

MAIPO REGULAR | **RODRIGO VALENZUELA** | CHILE

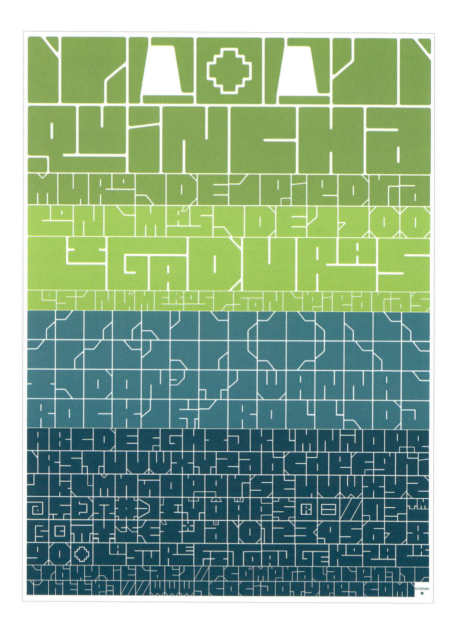

QUINCHA | **DIEGO SANZ SALAS** | PERU

Comentário sobre Quincha

Pensada para títulos, mas avaliada e selecionada como tipografia experimental, Quincha é uma fonte *display* que também é, em si mesma, uma forma de ilustração. O interessante desse projeto do designer Diego Sanz é sua motivação, baseada nas características da arquitetura pré-hispânica do Peru, onde as junções entre as peças de pedra que compõem os muros se ajustam com tal precisão e perfeição que não deixam frestas, de tal modo que é impossível introduzir nelas nem a mais fina lâmina de aço.

Com essa ideia em mente, o esforço de design esteve em reduzir ao máximo as contraformas, fazendo do contorno o desenho das letras, que traça, ao mesmo tempo, a figura de um quadrado de vértices rombudos, o que define o espaço de cada um dos caracteres. A regularidade dessa figura básica, dominante nas versais, marca e dimensiona a composição das palavras com a persistência de um plano contínuo; portanto, é nas minúsculas que se desenvolve uma maior variedade, alterando o espaço básico com uma figura mais estreita para o "i" e, no outro extremo, com uma figura retangular básica, na qual se introduz um grande número de ligaduras diferentes que se estendem, com o uso, em suas combinações contextuais.

O designer de Arequipa declara que são 1040 glifos, entre eles estão inclusos a miscelânea tipográfica, com a crus chakana do mundo andino e uma "janela trapezoidal" nascida da persistente ideia de muro que a fonte promete. O fato de Quincha ser a voz de quéchua, que significa muro, assim afirma Sanz em sua fundamentação e essa ideia de um texto como um muro, foi também sua permanente motivação; um muro falante, diríamos, no qual sem dúvida também se faz necessário algum silêncio, porque os espaços requebrados entre as palavras, conformados com os nove "motivos de pedra" agregam algum ruído e tendem a contaminar o texto, necessitando de outro recurso, como cor, para diferenciá-lo.

Hugo Rivera Scott
Chile

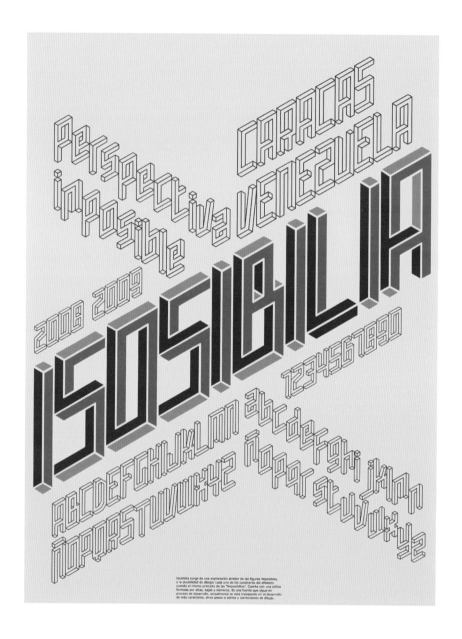

ISOSIBILIA | **RODRIGO FUENZALIDA** | VENEZUELA

EXPERIMENTAIS | 87

CHACANA REGULAR | **LUIS BOLAÑOS** | EQUADOR

ZOOMANIC | **JOSÉ LUIS COYOTL MIXCOATL** | MÉXICO

EXPERIMENTAIS | 89

MASIVA | **CÉSAR RODRÍGUEZ** | MÉXICO

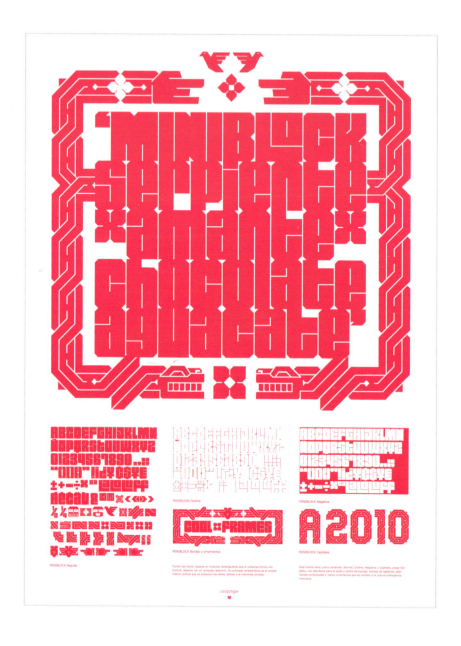

MINIBLOCK | **MANUEL GUERRERO** | MÉXICO

EXPERIMENTAIS | 91

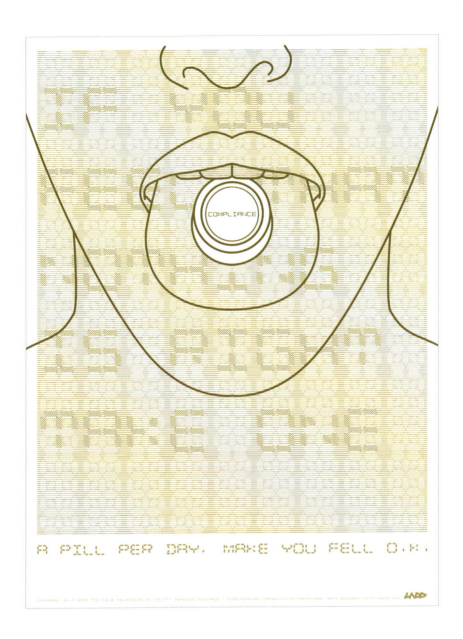

PS PRONTS 0S29 | **EDGAR ALEJANDRO REYES RAMÍREZ** | MÉXICO

Tela

Tipografias cujo desenho contempla a reprodução em suporte digital, seja porque são concebidas em uma matriz pixelizada ou porque são adaptações de outras tipografias a esse suporte.

COQUETA | **MAURICIO VITAL** | MÉXICO

Verpix es una fuente serif pensada para componer textos en pantalla con pesos regular y **bold**, así como características OpenType (ligaduras estándar, ligaduras discrecionales y números antiguos), con lo que se trata de aprovechar el soporte para este formato que se está convirtiendo en estándar de web. Formalmente tiene patines y rasgos que buscan diferenciarla de la mayoría de las pixelfonts de texto, que suelen ser sanserif, otorgándole cierto aspecto humanista a su naturaleza tecnológica.

Verpix cuenta con versión Súper Pixel, –aplicable en ciertos programas de bitmaps–, una característica que consiste en agregar algunos pixeles transparentes en curvas y diagonales que suavizan el efecto escalonado provocado por la trama de pixeles de la pantalla.

VERPIX
una fuente de texto para pantalla con características OpenType y versión súper pixel

Aquel inexpresivo niño trabaja mezclando whisky en garrafa.

The July sun caused a fragment of black pine wax to ooze on the velvet quilt.

Luís argüia à Júlia que «brações, fé, chá, óxido, pôr, zângão» eram palavras do português.

El cielo sobre el puerto tenía el color de una pantalla de televisor sintonizado en un canal muerto.

Case tenía veinticuatro años. A los veintidós, había sido vaquero, un vaquero, uno de los mejores del Ensanche. Había sido entrenado por los mejores, por McCoy Pauley y Bobby Quine, leyendas en el negocio. Operaba en un estado adrenalínico alto y casi permanente, un derivado de juventud y destreza, conectado a una consola de ciberespacio hecha por encargo que proyectaba su incorpórea consciencia en la alucinación consensual que era la matriz. Ladrón, trabajaba para otros ladrones más adinerados, patronos que proveían el exótico software requerido para atravesar los muros brillantes de los sistemas empresariales, abriendo ventanas hacia los ricos campos de la información.

Extractos de **Neuromancer**, William Gibson (1984)

VERPIX | **ROBERTO ROBLES QUIROZ** | MÉXICO

Comentário sobre Verpix

A categoria Fontes para Tela possui a complexidade de abarcar alguns trabalhos em que o pixel é tomado como elemento estilístico ou formal (quase como um módulo gerador) e outros em que é tomado para resolver um problema de visualização. Nesse segundo caso, que antes otimizava a visualização em monitores, agora é aplicado a pequenas telas de baixa resolução. Também existe a possibilidade de apresentar trabalhos para telas que não são constituídas por pixels, por exemplo, por *leds*, em que a "modularização" se converte no traço mais notório.

Verpix é uma família pixelar composta por duas variantes de peso, com um amplo mapa de caracteres. Além das maiúsculas e minúsculas, com seus respectivos diacríticos, conta com ligaduras e algarismos maiúsculos e minúsculos. Isso possibilita uma composição cuidada dos textos, habitualmente reservada ao papel. As proporções dessa família desenhada por Roberto Robles são ligeiramente condensadas, o que assegura um bom rendimento. Essa característica pode ser especialmente útil em telas pequenas. A altura-de-x, a descendente e a ascendente são proporcionadas e unidas à condensação, permitindo um desenvolvimento cômodo das formas. As curvas são fechadas, acentuando a tensão vertical. Essa característica é potencializada nas maiúsculas que são um pouco mais condensadas que as minúsculas. A inclusão das serifas colabora na construção de uma linha estável. O espaçamento de uma fonte pixelar sempre é complexo e, no caso de Verpix, está muito benfeito. Percebe-se uma ligeira alteração de cor nos pares integrados por letras curvas e retas, onde isso aumenta. Pelo contrário, o "j" agrega branco à esquerda.

A convivência das duas cores é harmoniosa, sendo ambas as variantes uma expressão da mesma identidade.

Do ponto de vista tecnológico, vale-se do Open Type para manipular seu conjunto de caracteres do Superpixel (agregando fragmentos de pixels nas curvas e diagonais) para suavizar as formas. Isso melhora notavelmente a visualização em telas, principalmente a partir dos nove pixels.

Trabalhos como a Verpix podem proporcionar uma leitura prazerosa em baixas resoluções, e isso, sem dúvida, é bom.

Marcela Romero
Argentina

LUCECITA MANIAC | **ELÍ CASTELLANOS CHÁVEZ** | MÉXICO

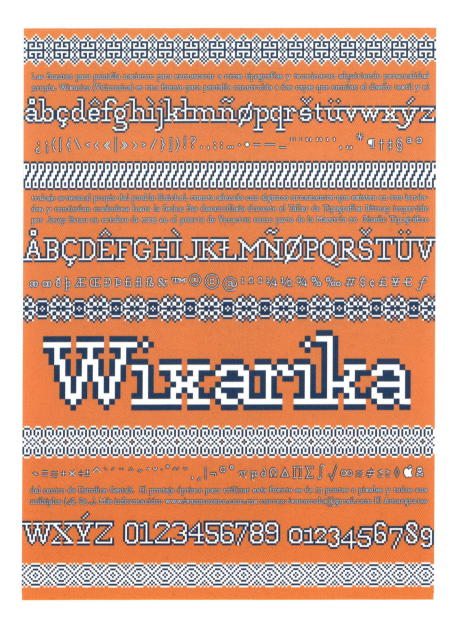

WIXARIKA | **JORGE IVÁN MORENO MAJUL** | MÉXICO

Miscelânia

Tipografias com signos de uma categoria ou tema determinado, para serem utilizadas de forma ornamental em sistemas de informação.

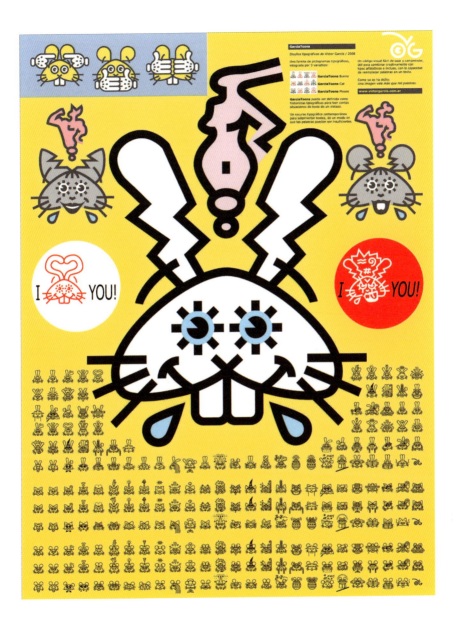

GARCÍA TOONS | **VÍCTOR GARCÍA** | ARGENTINA

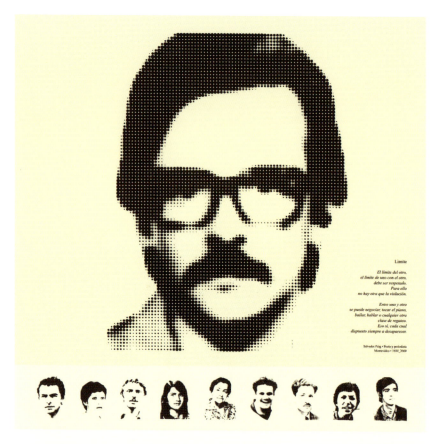

URUGUAY 1976 | **DIEGO CATALDO E SERGIO RODRÍGUEZ** | URUGUAI

Comentário sobre Uruguay 1976

Em outubro de 2009, a população uruguaia se mobilizou em torno das eleições presidenciais e de um plebiscito que tinha por objetivo decidir pela revogação ou não da lei da caducidade — que anistiava militares e policiais envolvidos em delitos cometidos durante a ditadura que assolou o país de 1973 a 1985. Apesar do apoio de grande parte da população, a proposta de revogação não obteve a maioria simples no plebiscito, e a lei em questão permanece em vigor, obscurecendo a memória desse triste período da história recente do país.

Em resposta ao desapontamento decorrente dessa derrota nas urnas, dois designers uruguaios resolveram usar a tipografia como instrumento de reflexão política, e criaram o projeto Uruguay 1976 — apresentado e selecionado para a categoria Miscelânea da mostra Tipos Latinos 2010. O projeto constitui uma coletânea de imagens fotográficas com o rosto de 161 detidos políticos desaparecidos no período da ditadura. As imagens foram construídas a partir de fotos pequenas — muitas sem qualidade — traduzidas para representações vetoriais em retícula de meio-tom. Por se tratarem de vetores matemáticos os arquivos podem ser ampliados, reproduzidos e distribuídos facilmente, permitindo uma grande difusão do projeto pelos meios digitais.

Segundo os autores, Uruguay 1976 é um projeto aberto, e representa um convite a designers de outros países latino-americanos a ampliar esse registro em respeito àqueles que perderam suas vidas lutando por uma realidade melhor. A utilização da tipografia como um instrumento de reflexão proporciona o exercício pleno da dimensão política do design gráfico, e a escolha de um suporte atual contribui para manter acesa essa discussão. A proposta dos designers, no entanto, não parte de uma abordagem tradicional da tipografia, pois a sequência de imagens retratadas não contribui para uma leitura tranquila e introspectiva da história. E o intuito dos autores é mesmo esse: usar esse silêncio absolutamente perturbador para manter vivo o desejo de justiça.

Fabio Lopez
Brasil

CUBOMATICS ICONS | **JOSÉ LUIS COYOTL MIXCOATL** | MÉXICO

GLOBEFACE | **RODRIGO ARAYA SALAS** | CHILE

Design com tipografias latino-americanas

Trabalhos compostos com tipografias latino-americanas de forma exclusiva ou combinada. Os trabalhos obrigatoriamente foram publicados, ou seja, trata-se de trabalhos reais.

Tipos em ação

Desde o século XV, na alvorada da impressão no ocidente, até o final do século XX, o design tipográfico foi patrimônio europeu e norte-americano, mas há pouco mais de 15 anos a América Latina começou a escrever sua história com letras próprias e, assim, forjar uma incipiente tradição no design tipográfico do mundo.

A Bienal de Tipografia Latino-a mericana foi criada, desde o início, com o propósito de verificar a situação do design tipográfico no subcontinente e, por sua vez, estimular a produção tipográfica da região. Desde 2008, tem se comprometido a promover o uso da tipografia como uma nova categoria: design com fontes latino-americanas.

A tipografia, como qualquer outro artefato utilitário, não pode ser julgada completamente em uma vitrine nem em um catálogo de vendas; em todos os casos, deve ser avaliada em seu habitat. É necessário ver os "tipos em ação" para assim poder-se apreciar suas qualidades específicas. A tipografia, então, está determinada por sua utilidade e, dessa forma, desaparece inserida nos objetos que a contém.

Vivemos cercados de livros, jornais e revistas; cartazes, folhetos e rótulos; letreiros e sinalizações; marcas, símbolos e logotipos. O denominador comum a todos esses objetos gráficos é o uso da tipografia. Nada é tão habitual ou rotineiro, tão presente e óbvio, como a tipografia. A "palavra visível" aumenta a potencialidade da linguagem; além disso, é o suporte em si mesma de um número indefinido de interpretações, transforma o significado da palavra escrita e dá uma nova estrutura ao pensamento.

Os trabalhos selecionados nessa categoria evidenciam múltiplos cenários para os nossos "tipos em ação" que se situam, inclusive, além do subcontinente: pode-se observar o uso de tipografias em publicações, identidades gráficas e cartazes. A amostragem é pequena, todavia, com ela esperamos alentar, cada vez mais, a utilização de fontes latino-americanas.

Francisco Calles
México

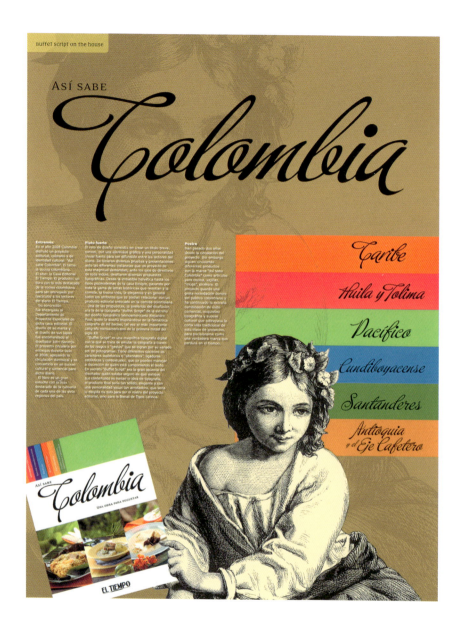

CLIENTE: CASA EDITORIAL EL TIEMPO
DESIGNER: JOHN NARANJO (COLÔMBIA)
TIPOGRAFIA: **BUFFET SCRIPT** (ALEJANDRO PAUL, ARGENTINA)

DESENHO COM TIPOGRAFIAS LATINO-AMERICANAS | 107

CLIENTE: NEW YORK TIMES MAGAZINE
DESIGNER: NANCY HARRIS ROUEMY (ESTADOS UNIDOS)
TIPOGRAFIA: **BURGUES SCRIPT** (ALEJANDRO PAUL, ARGENTINA)

CLIENTE: REVISTA COMIC BOX
DESIGNER: SIN REGISTRO (FRANÇA)
TIPOGRAFIA: **TITULATA** (EDUARDO TUNNI, ARGENTINA)

DESENHO COM TIPOGRAFIAS LATINO-AMERICANAS | 109

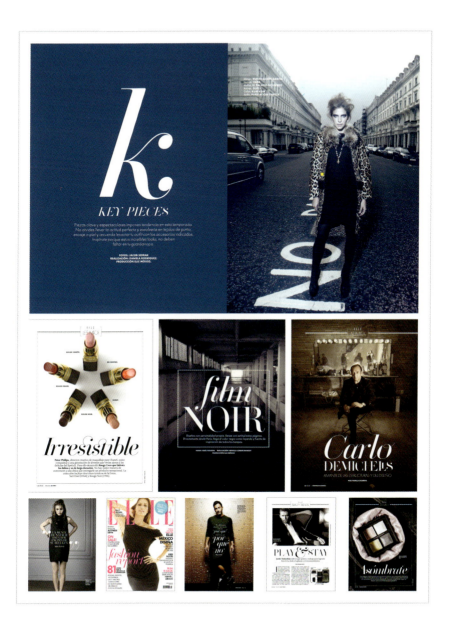

CLIENTE: REVISTA ELLE
DESIGNERS: ERNESTO MONCADA E ÓSCAR YÁÑEZ (MÉXICO)
TIPOGRAFIA: **CARLOTA** (ÓSCAR YÁÑEZ, MÉXICO)

CLIENTE: SAVERIO, REVISTA CRUEL DE TEATRO
DESIGNER: CAROLINA GIOVAGNOLI (ARGENTINA)
TIPOGRAFIA 1: **MALENA** (DARÍO MUHAFARA, ARGENTINA)
TIPOGRAFIA 2: **CHACO** (RUBÉN FONTANA, ARGENTINA)

CLIENTE: LATIN LOVER FEST
DESIGNER: MANUEL CÓRDOVA (CHILE)
TIPOGRAFIA 1: **CHILE SANS** (MIGUEL HERNÁNDEZ, CHILE)
TIPOGRAFIA 2: **CADENA BLACK** (MIGUEL HERNÁNDEZ, CHILE)

CLIENTE: LIBRO C/TEMP: ARTE CONTEMPORÁNEO MENDOCINO
DESIGNER: MARÍA TERESA BRUNO (ARGENTINA)
TIPOGRAFIA: **KALIDOSCOPIO** (JUAN PABLO DEL PERAI , ARGENTINA)

DESENHO COM TIPOGRAFIAS LATINO-AMERICANAS | 113

CLIENTE: ENTRE LETRAS, SUPLEMENTO CULTURAL
DESIGNERS: ALIN PONCE DE LEÓN, RAÚL PLANCARTE, JUAN PABLO HURTADO (MÉXICO)
TIPOGRAFIA 1: **ESPINOSA NOVA** (CRISTÓBAL HENESTROSA, MÉXICO)
TIPOGRAFIA 2: **CÉLULA** (RAÚL PLANCARTE, MÉXICO)

Esta edição do catálogo Tipos Latinos 2010 foi composta com a família tipográfica Mello Sans, criada por Fernando Mello. O projeto gráfico original, criado pelo estúdio Cosgaya, foi adaptado pelo escritório Consolo&Cardinali Design, em São Paulo.